BEI GRIN MACHT SICH IHR WISSEN BEZAHLT

- Wir veröffentlichen Ihre Hausarbeit, Bachelor- und Masterarbeit
- Ihr eigenes eBook und Buch - weltweit in allen wichtigen Shops
- Verdienen Sie an jedem Verkauf

Jetzt bei www.GRIN.com hochladen und kostenlos publizieren

Bibliografische Information der Deutschen Nationalbibliothek:

Die Deutsche Bibliothek verzeichnet diese Publikation in der Deutschen Nationalbibliografie; detaillierte bibliografische Daten sind im Internet über http://dnb.d-nb.de/ abrufbar.

Dieses Werk sowie alle darin enthaltenen einzelnen Beiträge und Abbildungen sind urheberrechtlich geschützt. Jede Verwertung, die nicht ausdrücklich vom Urheberrechtsschutz zugelassen ist, bedarf der vorherigen Zustimmung des Verlages. Das gilt insbesondere für Vervielfältigungen, Bearbeitungen, Übersetzungen, Mikroverfilmungen, Auswertungen durch Datenbanken und für die Einspeicherung und Verarbeitung in elektronische Systeme. Alle Rechte, auch die des auszugsweisen Nachdrucks, der fotomechanischen Wiedergabe (einschließlich Mikrokopie) sowie der Auswertung durch Datenbanken oder ähnliche Einrichtungen, vorbehalten.

Impressum:

Copyright © 2017 GRIN Verlag
Druck und Bindung: Books on Demand GmbH, Norderstedt Germany
ISBN: 9783668667808

Dieses Buch bei GRIN:

https://www.grin.com/document/416812

Nathalie Mainz

Adoleszenz und Sozialisation. Die positive und negative Entwicklung eines Kindes

GRIN Verlag

GRIN - Your knowledge has value

Der GRIN Verlag publiziert seit 1998 wissenschaftliche Arbeiten von Studenten, Hochschullehrern und anderen Akademikern als eBook und gedrucktes Buch. Die Verlagswebsite www.grin.com ist die ideale Plattform zur Veröffentlichung von Hausarbeiten, Abschlussarbeiten, wissenschaftlichen Aufsätzen, Dissertationen und Fachbüchern.

Besuchen Sie uns im Internet:

http://www.grin.com/

http://www.facebook.com/grincom

http://www.twitter.com/grin_com

Inhaltsverzeichnis

1. Einleitung 2

2. Der Sozialisationsbegriff 2

3. Begriffsdefinition der Adoleszenz 3

4. Entwicklungsaufgaben 4

5. Riskante Lebenssituationen für eine positive Entwicklung 5

6. Resilienzfaktoren und Ressourcen 6

7. Auswirkung auf die Soziale Arbeit 6

Literaturverzeichnis 8

1. Einleitung

Jeder Mensch durchläuft in seiner Biographie verschiedene Altersstufen und immer begleitet ihn dabei die Sozialisation. Der Sozialisationsprozess eines Menschen ist ein lebenslanger Prozess, der bereits in der Kindheit beginnt. Wir begegnen und erleben sie nicht bewusst mit, aber sie ist da und hört nicht auf. Täglich wird man mit etwas Neuem konfrontiert, man lernt stetig dazu, entwickelt sich weiter, reift heran und eignet sich im Laufe seines Lebens immer wieder neue Verhaltensweisen an. Doch was bedeutet Sozialisation? Was passiert mit einem Menschen während des Sozialisationsprozesses? Es beschreibt den Prozess der Anpassung des heranwachsenden Menschen in die umgebende Gesellschaft und Kultur. Da der Mensch nicht über Instinkte verfügt, die sein Handeln steuern, muss er im Prozess der Sozialisation soziale Normen, Verhaltensstandards und Rollen erlernen, um ein im jeweiligen sozialen Kontext handlungsfähiges und verhaltenssicheres soziales Wesen zu werden und seine Persönlichkeit zu entwickeln. Ich persönlich halte diese Tatsache für sehr interessant, weshalb ich mich in meiner Arbeit näher mit dem Thema Sozialisation in Bezug auf Adoleszenz befasse und näher auf Entwicklungsprobleme durch riskante Lebenssituationen eingehen möchte.

2. Der Sozialisationsbegriff

Der Sozialisationsbegriff wurde erstmals von Emile Durkheim, einem französischen Soziologen, am Anfang des 20. Jahrhunderts in die Literatur eingebracht (vgl. Hurrelmann 2002, S.11). Mit diesem Begriff wollte Durkheim erklären, wie der Mensch seinen gesellschaftlichen Charakter entwickelt und natürlich auch die eigene Persönlichkeit.
Im sozialen Bereich fand der Begriff lange Zeit keine Beachtung, im Gegensatz zu anderen Wissenschaften. Erst in den 60er Jahren wurde er in die pädagogische Diskussion eingeführt und gewann große Bedeutung (vgl. Hurrelmann 2002, S. 11f. und S. 16). Eine Zusammenfassung des Sozialisationsbegriffes gibt Klaus Hurrelmann mit seiner Definition zu dieser Thematik:
Sozialisation bezeichnet nach dieser Definition den Prozess, in dessen Verlauf sich der mit einer biologischen Ausstattung versehene menschliche Organismus zu einer sozial handlungsfähigen Persönlichkeit bildet, die sich über den Lebenslauf hinweg in Auseinandersetzung mit den natürlichen Anlagen, insbesondere den körperlichen und psychischen Grundmerkmalen,

die für den Mensch die „innere Realität" bilden, und der sozialen und physikalischen Umwelt, die für den Menschen die „äußere Realität" bilden (Hurrelmann 2002, S. 15f.).

Zusammenfassend lässt sich sagen, dass die Sozialisation der Erwerb von bestimmten Verhaltensweisen, Normen und Werten beinhaltet, die für das Leben des Menschen in einer bestimmten Gesellschaft notwendig sind. Diese werden von Generation zu Generation weitergegeben. Ein weiterer Schwerpunkt der Sozialisation ist, das Verstehen der Umwelt zu erlernen und sich sein Leben zu gestalten. Dabei ist es wichtig eine eigene Persönlichkeit zu entwickeln. „Persönlichkeit ist als spezifisches Gefüge von Merkmalen, Eigenschaften, Einstellungen und Handlungskompetenzen, das einen einzelnen Mensch kennzeichnet, zu verstehen. Zur Persönlichkeit eines Menschen gehören von außen beobachtbare Verhaltensweisen, Werthaltungen, Wissen, Sprache wie auch innere Prozesse und Zustände, Gefühle und Motivationen" (Hurrelmann 2002, S.16).

3. Begriffsdefinition der Adoleszenz

Der Begriff Jugend, Adoleszenz und Pubertät werden oft als synonym zueinander verwendet, obwohl sie unterschiedliche Bedeutungen haben. Die Adoleszenz bezeichnet die Lebensphase junger Menschen, die den Abschied von der Kindheit und den Eintritt in die Welt der Erwachsenen bewältigen müssen. Die Jugendlichen sind mit physiologischen, psychologischen und sozialen Veränderungen konfrontiert. (vgl. King 2009, S.1f)

Die meisten Jugendlichen durchlaufen während dieser Periode der Lebensphase die körperlichen Stadien der Pubertät. Anschließend kommen dann oftmals erste sexuelle Erfahrungen oder Interessen hinzu. Neben der körperlichen Entwicklung steht in der Adoleszenz aber auch die Entwicklung einer beruflichen und sozialen Identität im Vordergrund. Die Suche nach der eigenen Identität ist eines der größten Probleme, dem die Jugendlichen während der Adoleszenz gegenüberstehen.

Der Begriff wird häufig im Zusammenhängen verwendet, in denen Entwicklungsprozesse im Verhältnis zu Entwicklungspotentialen qualifiziert werden. (vgl. Kind 2009, S.7)

4. Entwicklungsaufgaben

Das Konzept der Entwicklungsaufgaben wurde erstmals von Robert J. Havighurst definiert. (Vgl. Trautmann 2004, S.19) Er geht davon aus, dass der Mensch im Verlauf seines Lebens immer wieder unterschiedlichen Problemen gegenübersteht, die es zu bewältigen gilt. Dabei stellen sich in den jeweiligen Lebensabschnitten altersentsprechende Aufgaben, deren Bewältigung durch verschiedene, aufeinander einwirkende Faktoren beeinflusst werden. Es entstehen Entwicklungsaufgaben in einem Zusammenspiel der inneren Ressourcen, den äußeren Kräften, und den persönlichen Werten und Zielen eines Individuums (vgl. Trautmann 2004, S. 23f.). Zu den Phasen der Adoleszenz werden verschiedene Aufgaben gezählt.

Beginnend mit der Ablösung vom Elternhaus, welches ein wichtiger Prozess während der Adoleszenz ist. Es können vielfältige Probleme und Spannungen in der Familie auftreten, da die Erwartungen von Jugendlichen und ihren Eltern hinsichtlich Verhalten und Entwicklung während der Adoleszenz verschieden sein können. Es gilt dabei vor allem, vernünftige und für alle Seiten tragbare Kompromisse zu finden. Meist beginnt der Prozess des Ablösens mit dem, dass die Jugendlichen abends lieber mit den Freunden unterwegs sind oder sie nicht mehr mit den Eltern verreisen wollen. Für eine optimale Entwicklung des Jugendlichen ist ein gutes Verhältnis zwischen den Bedürfnissen des Jugendlichen und den Möglichkeiten seines sozialen Umfelds von Bedeutung. (Vgl. Leuschner 2011, S.6)

Außerdem spielt die eigene Identität in der Geschlechtsrolle zu finden, eine Rolle. Im Zuge der Pubertät ergeben sich weitreichende körperliche Veränderungen, mit denen die Jugendlichen erst einmal lernen müssen umzugehen. Verschiedene kulturelle, soziale und psychische Einflüsse, spielen dabei auch eine Rolle. (Vgl. King 2004, S.19)

Zudem müssen die Jugendlichen ein eigenes System von Moral- und Wertvorstellungen aufbauen. Dazu zählt, dass vor der Adoleszenz der Freundeskreis des Kindes meist durch schulische und elterliche Einflüsse bestimmt wird. Bei den Jugendlichen beginnt die Adoleszenz, durch die Ablösung von Elternhaus, die Freunde selbst und bewusst auszuwählen. Auch der häufige Wechsel von Freunden und die, ganzer Freundeskreise ist in dieser Zeit normal. Außerdem entstehen erste Interessen an Partnerschaftbeziehungen (Vgl. King 2004, S.23f)

Weitergehend erfährt der Jugendliche erste Kontakte mit Sexualität, wobei das Entdecken der eigenen Sexualität ein entscheidender Faktor in der Phase der Adoleszenz ist. Er steht im engen Zusammenhang mit den bereits erwähnten körperlichen Veränderungen. Hierdurch ergeben sich oft Probleme, insbesondere dann, wenn die Jugendlichen die Veränderungen des

Körpers und dessen Aussehen noch nicht vollständig akzeptiert haben, aber trotzdem schon intime Beziehungen eingehen. (Vgl. King 2004, S. 20f)

Außerdem wird auch das „Weltbild" eines Kindes fast ausschließlich von den Ansichten und Gewohnheiten der Eltern bestimmt, somit beginnt sich der Jugendliche in der Adoleszenz eine eigene, individuelle Weltanschauung aufzubauen. Hier spielen viele Faktoren und Bereiche mit hinein, z. B. Politik, Religion usw.

Zuletzt muss der Jugendliche eine eigene Zukunftsperspektive entwickeln und/oder eine Berufswahl treffen. Oftmals sind die beruflichen Wünsche bei Kindern noch diffus und ändern sich in kurzen Abständen. Der Jugendliche entwickelt erste konkrete Vorstellungen von seiner Ausbildung und der späteren beruflichen Tätigkeit. Neben dem Aufbau einer beruflichen Perspektive entwickelt der Jugendliche auch eine generelle Zukunftsvision, z. B. hinsichtlich eines konkreten Lebensmodells mit Familie, Kinder, Wohnort, etc. (vgl. King 2004, S.14f).

5. Riskante Lebenssituationen für eine positive Entwicklung

Durch die Abhängigkeit von Alkohol eines Erziehungsberechtigten, entsteht eine belastende Familienatmosphäre. Jugendliche reagieren daraufhin meist gestresst, unsicher und suchen in ihrem eigenen Verhalten den Grund für die Überreaktion des abhängigen Elternteils (vgl. Soyka und Küfner 2008, S. 242). Die Kommunikation ist in solchen Lebensverhältnissen schwer gestört, wodurch unausgesprochenen Gesprächsverbote, wie das Thema Alkohol aus der Kommunikation ausgeschlossen wird und die Kinder häufig Verhaltensauffällig durch hyperaktives Verhalten und Aufmerksamkeitsstörungen zeigen. Häufiger als in nicht belasteten Familien, kommt es in diesen Familien öfter zu ungelösten Konflikten. (vgl. Maimann 2015, S.60). Folgend haben die Jugendlichen häufig Schwierigkeiten, Freundschaftsbeziehungen aufzubauen. Der Wunsch im Leben einiges besser zu machen als ihre Eltern, führt zu auferlegten Druck für die Betroffenen, wodurch der Blick auf die Wahrnehmung einer eigenen gesunden Anforderungsgrenze verstellt wird. Eine geglückte Auseinandersetzung mit der Umwelt und eine gelungene Bewältigung von Problemen bewirken beim Kind in der Regel ein Gefühl von Selbstwirksamkeit und Selbstvertrauen. Doch um sich mit Entwicklungskrisen auseinander zu setzen, brauchen sie Bezugspersonen, die dem Kind eine positive Erfahrung ermöglichen. In Suchtfamilien sind die Bezugspersonen aber so sehr mit sich und ihrer Sucht beschäftigt, wodurch oftmals noch mehr Probleme entstehen (vgl. Maimann 2015, 65). Stellt man Merkmale einer „gesunden Familie" mit einer Alkohol belasteten Familie gegenüber, so erkennt man, dass den Kindern die wesentlichen Merkmale, wie zum Beispiel Sicherheit, Beständigkeit und emotionale Präsenz zur Bezugsperson fehlen. Eine Folge kann sein, dass Jugendliche selbst zum Alkohol greifen, um soziale Probleme wie Außenseiter sein oder generelles Schulversagen zu beseitigen. (Vgl. Liebsch, S.180)

6. Resilienzfaktoren und Ressourcen

Nehmen wir einen Bezug auf Resilienzfaktoren, so resultieren sowohl Herausforderungen und Chancen als auch Risiken für die kindliche Entwicklung, die es zu bewältigen gilt. „Aufwachsen in Suchtfamilien" beinhaltet erhebliche Beeinträchtigungen des Wohlbefindens und Entwicklungsrisiken für Kinder. Aus diesem Grund müssen sich heutzutage viele Kinder mit vielschichtigen Belastungen und erschwerten Lebensbedingungen auseinandersetzen. Eine Vielzahl von ihnen ist mit einem oder mehreren risikobehafteten Lebensumständen im familiären Kontext konfrontiert. Weiterhin müssen sich die Kinder mit ihren eigenen Entwicklungsaufgaben und Reifprozessen beschäftigen. Denn dies hat Einfluss auf eine positive oder auch negative Persönlichkeitsentwicklung. (vgl. Bengel 2009 S.19ff)

In der Resilienzforschung geht es daher vorwiegend um die „psychische Gesundheit trotz Risikobelastungen" und somit um die „Bewältigungskompetenz" dieser Menschen. Diese Forschungserkenntnisse hat Wustmann in der Erscheinungsformen untergliedert. Zum einen in die positive, gesunde Entwicklung trotz hohem Risikostatus z.B. Alkohol belastenden Familien etc., zum anderen in die beständige Kompetenz unter akuten Stressbedingungen, z.B. elterliche Trennung... Zuletzt die positive und schnelle Erholung von traumatischen Erlebnissen wie Tod eines Elternteils (Wustmann 2004, S.19). Es gilt Ressourcen zu finden, die das Auftreten von Störungen oder unangepassten Entwicklungen abschwächen oder verhindern und dadurch die Wahrscheinlichkeit einer positiven Entwicklung erhöhen.

7. Auswirkung auf die Soziale Arbeit

Zusammenfastend möchte ich sagen, dass all dies eine entscheidende Rolle in der Sozialen Arbeit spielt. Die Aufgabe ist, die Jugendlichen auf ihrem Weg durch die Adoleszenz zu begleiten und ihnen in schwierigen Situationen beizustehen. Eingehend auf die Kinder aus alkoholbelasteten Familien, können SozialarbeiterInnen, den Jugendlichen schon auf eine einfache

Art helfen, indem sie den Kindern zuhören. Durch das Kommunikationsdefizit innerhalb der Familie, wird dem Kind eine Möglichkeit von Entlastung des Drucks geboten. Die Kinder bekommen ein erleichtertes Gefühl, dadurch das sie über ihr inneres Erleben und die Problemthemen ihres Familiensystems sprechen können. SozialarbeiterInnen haben die Chance den Kindern bei der Bewältigung von Problemen zu helfen und eine Selbstwirksamkeit und Selbstvertrauen aufzubauen. Mit einem Blickwinkel auf die Prävention und Interventionen, sollten Voraussetzungen gesucht und Bedingungen geschaffen werden, unter denen Kindern eine positive Entwicklung ermöglicht werden kann. Es gilt, soziale Ressourcen in der Betreuungswelt des Kindes zu erhöhen und kindliche Kompetenzen zu steigern. Durch das Erlernen von erfolgreichen Bewältigungsstrategien in Belastungssituationen erlangt das Kind, Fähigkeiten und Kompetenzen, die es zur weiteren Situationsbewältigung benötigt, um sich diesen zu stellen, sie aktiv zu verändern und zu meistern, sowie als mögliche wiederkehrende Herausforderung zu sehen. Die Jugendlichen werden unterstützt, indem SozialarbeiterInnen sie unterstützen, beispielsweise soziale Kontakte aufzubauen und ihre Entwicklungsaufgaben zu bewältigen. Durch Beschäftigungsangebote, bekommen Kinder das Gefühl einen Wert in der Gesellschaft zu haben, was ihnen ebenso hilft die Adoleszenz zu meistern.

Literaturverzeichnis

CHIBA, Katja (2008) (Hrsg.): Zu schwierigen Situation von Kindern aus alkoholbelasteten Familien-Risiken und Chancen des Aufwachsens mit süchtigen Bezugspersonen, Hamburg: Diplomica Verlag

HURRELMANN, Klaus (2002): Einführung in die Sozialisationstheorie (9., Aufl.), Weinheim u.a.: Beltz Verlag

KING, Vera (2009): Adoleszenz/ Jugend und Geschlecht, Weinheim u.a.: Juventa Verlag

LEUSCHNER, Vincenz (2011): Gefährdungen im Jugendalter, Berlin: IzKK-Nachrichten

MAIMANN, Regine R. (2015): Aufwachsen im Sozialisationsumfeld alkoholbelasteter Familien- Eine qualitative Studie mit narrativen biografischen Interviews, Wien: Springer Verlag

SOYKA, Michael/ KÜFNER, Heinrich (2008): Alkoholismus, Missbrauch und Abhängigkeit (S.240-242). Stuttgart: Thieme Georg Verlag

TRAUTMANN, Matthias (Hrsg.) (2004): Entwicklungsaufgabe im Bildungsgang, Wiesbaden: VS Verlag

WUSTMANN, Corina (2004): Resilienz. Widerstandsfähigkeit von Kindern in Tageseinrichtungen fördern. Weinheim: Beltz Verlag

ZIMMERMANN, Peter (2006): Grundwissen Sozialisation- Einführung zur Sozialisation im Kindes- und Jugend (3. Überarb. und erw. Aufl.), Wiesbaden: VS Verlag

BEI GRIN MACHT SICH IHR WISSEN BEZAHLT

- Wir veröffentlichen Ihre Hausarbeit, Bachelor- und Masterarbeit

- Ihr eigenes eBook und Buch - weltweit in allen wichtigen Shops

- Verdienen Sie an jedem Verkauf

Jetzt bei www.GRIN.com hochladen und kostenlos publizieren